First Picture Dictionary
Animals
Fjalori i parë me figura
Kafshët

Pig
Derr

Rabbit
Lepur

Butterfly
Flutur

Fox
Dhelpër

Illustrated by Anna Ivanir

www.kidkiddos.com
Copyright ©2025 by KidKiddos Books Ltd.
support@kidkiddos.com

All rights reserved. No part of this book may be reproduced in any form or by any electronic or mechanical means, including information storage and retrieval systems, without written permission from the publisher, except in the case of a reviewer, who may quote brief passages embodied in critical articles or in a review.
First edition, 2025

Library and Archives Canada Cataloguing in Publication
First Picture Dictionary - Animals (English Albanian Bilingual edition)
ISBN: 978-1-83416-438-0 paperback
ISBN: 978-1-83416-439-7 hardcover
ISBN: 978-1-83416-437-3 eBook

Wild Animals
Kafshët e egra

Tiger
Tigër

Elephant
Elefant

Lion
Luan

Giraffe
Gjirafë

✦ A giraffe is the tallest animal on land.
✦ *Gjirafa është kafsha më e gjatë në tokë.*

Monkey
Majmun

Wild Animals
Kafshët e egra

Hippopotamus
Hipopotam

Panda
Panda

Fox
Dhelpër

Deer
Dre

Rhino
Rinoqeront

Moose
Dre brilopatë

Wolf
Ujk

✦ A moose is a great swimmer and can dive underwater to eat plants!

✦ *Dreri brilopatë është një notar i shkëlqyer! Ai mund të zhytet nën ujë për të ngrënë bimë!*

Squirrel
Ketër

Koala
Koalë

✦ A squirrel hides nuts for winter, but sometimes forgets where it put them!

✦ *Ketri fsheh arra për dimër, por ndonjëherë harron ku i ka vënë!*

Gorilla
Gorillë

Pets
Kafshët shtëpiake

Canary
Kanarinë

✦ A frog can breathe through its skin as well as its lungs!
✦ *Bretkosa mund të marrë frymë si nëpërmjet lëkurës, ashtu edhe nëpërmjet mushkërive!*

Guinea Pig
Derr Indie

Frog
Bretkosë

Hamster
Hamster

Goldfish
Peshk i kuq

Dog
Qen

> ✦ Some parrots can copy words and even laugh like a human!
> ✦ *Disa papagaj mund të përsërisin fjalët tona e madje, edhe të qeshin si ne!*

Cat
Mace

Parrot
Papagall

Animals at the Farm
Kafshët në fermë

Cow
Lopë

Chicken
Pulë

Duck
Rosë

Sheep
Dele

Horse
Kalë

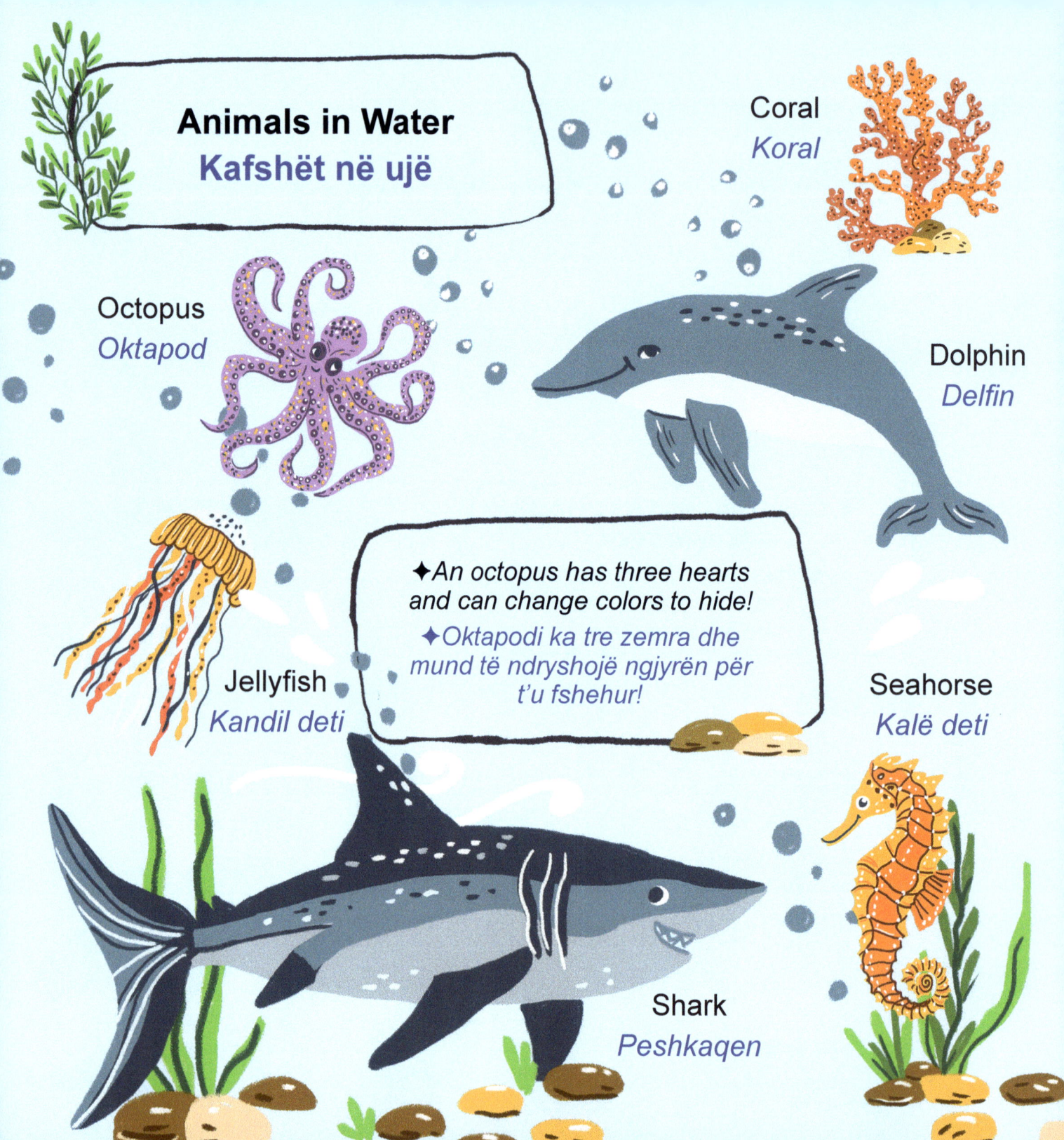

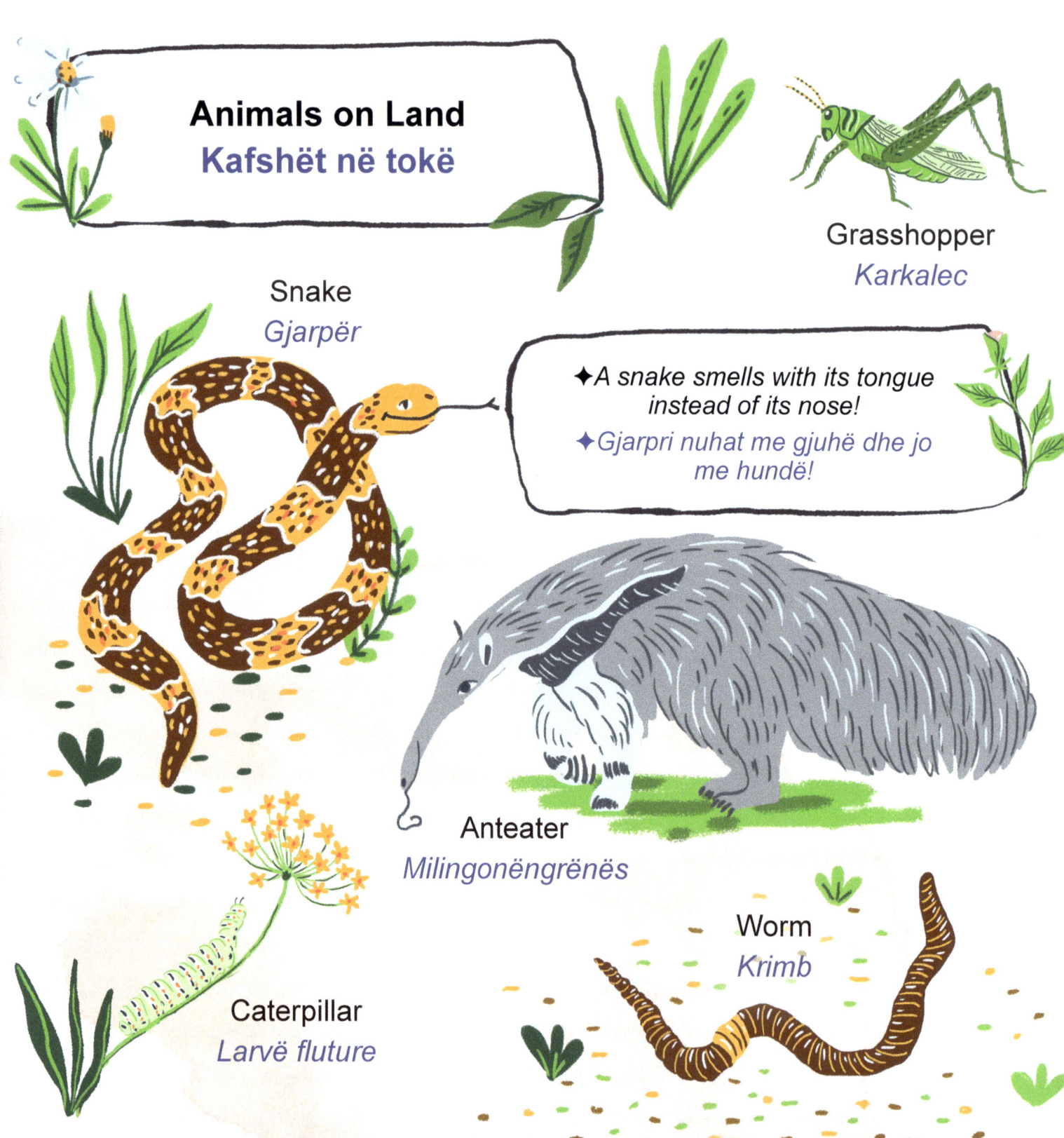

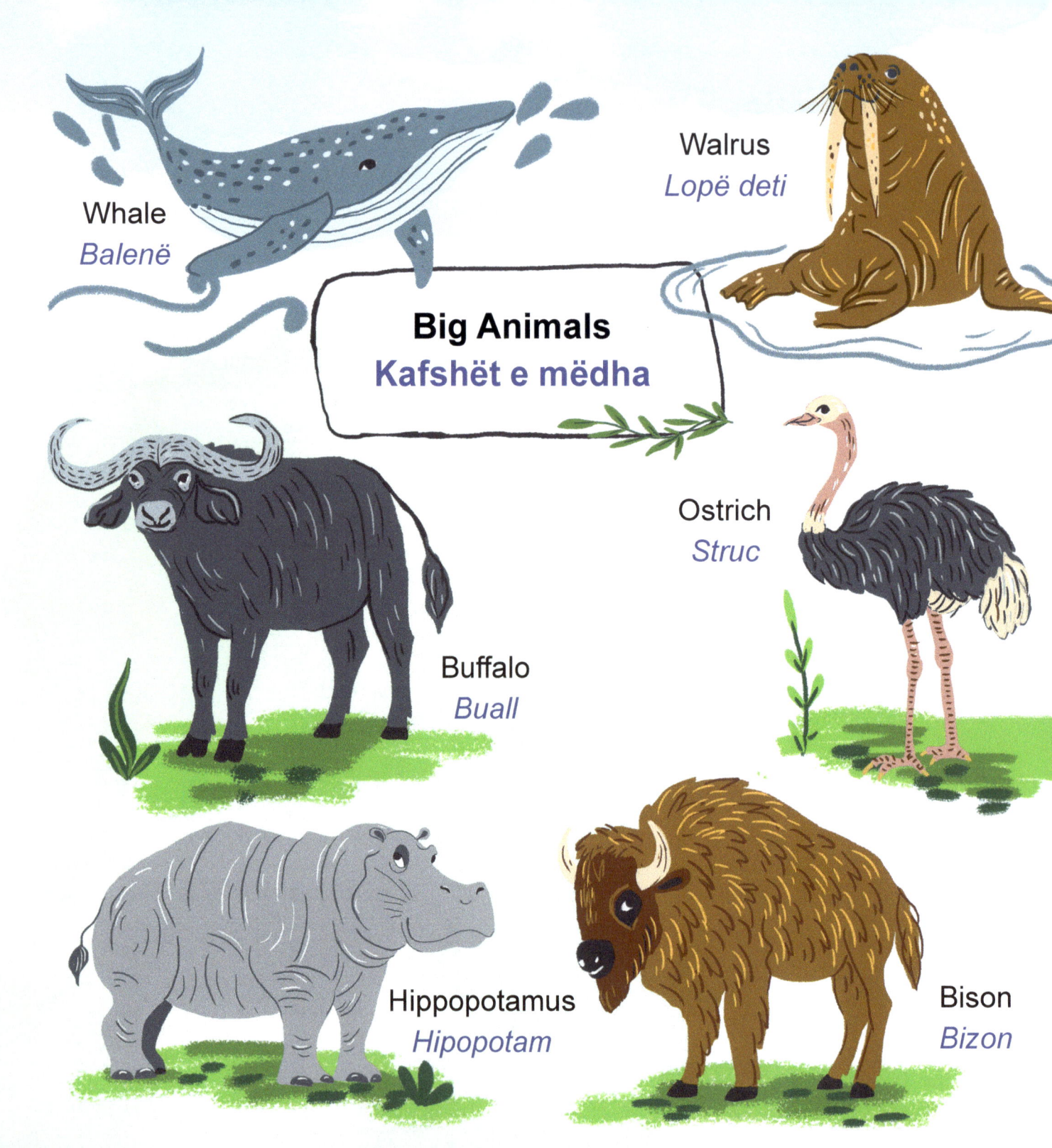

Small Animals
Kafshët e vogla

Chameleon
Kameleon

Spider
Merimangë

✦ An ostrich is the biggest bird, but it cannot fly!
✦ *Struci është zogu më i madh, por nuk mund të fluturojë!*

Bee
Bletë

✦ A snail carries its home on its back and moves very slowly.
✦ *Kërmilli e mban shtëpinë e tij mbi shpinë dhe lëviz shumë ngadalë.*

Snail
Kërmill

Mouse
Mi

Quiet Animals
Kafshët e heshtura

Ladybug
Mollëkuqe

Turtle
Breshkë

✦ A turtle can live both on land and in water.
✦ *Breshka mund të jetojë si në tokë, ashtu edhe në ujë.*

Fish
Peshk

Lizard
Hardhucë

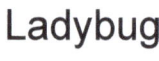

Owl
Buf

Bat
Lakuriq nate

✦ An owl hunts at night and uses its hearing to find food!
✦ *Bufi gjuan natën dhe përdor dëgjimin për të gjetur ushqim!*

✦ A firefly glows at night to find other fireflies.
✦ *Xixëllonja ndriçon natën për të gjetur xixëllonja të tjera.*

Raccoon
Rakun

Tarantula
Tarantulë

Colorful Animals
Kafshët me ngjyra

A flamingo is pink
Flamingoja është rozë

An owl is brown
Bufi është bojëkafe

A swan is white
Mjellma është e bardhë

An octopus is purple
Oktapodi është lejla

A frog is green
Bretkosa është e gjelbër

✦ A frog is green, so it can hide among the leaves.
✦ *Bretkosa është e gjelbër, kështu që mund të fshihet mes gjetheve.*

Animals and Their Babies
Kafshët dhe të vegjlit e tyre

Cow and Calf
Lopë dhe viç

Cat and Kitten
Mace dhe kotele

✦ A chick talks to its mother even before it hatches.
✦ *Zogu i vogël flet me nënën e tij që para se të çelë nga veza.*

Chicken and Chick
Pulë dhe zog

Dog and Puppy
Qen dhe këlysh

Butterfly and Caterpillar
Flutur dhe larvë

Sheep and Lamb
Dele dhe qengj

Horse and Foal
Kalë dhe mëz

Pig and Piglet
Derr dhe derrkuc

Goat and Kid
Dhi dhe kec